17 décembre 1852.

CATALOGUE

D'UNE COLLECTION

DE

TABLEAUX

ANCIENS & MODERNES,

des Écoles Italienne, Française, Hollandaise et Flamande.

OBJETS D'ART ET DE CURIOSITÉ,

DONT LA VENTE AURA LIEU

Après décès de M. CAVÉ,

ANCIEN DIRECTEUR DES BEAUX-ARTS, ET DES PALAIS ET MANUFACTURES
AU MINISTÈRE D'ÉTAT,

RUE DES JEUNEURS, 42,

Salle n. 3,

LES VENDREDI 17 ET SAMEDI 18 DÉCEMBRE 1852,

à une heure,

Par le ministère de M⁰ **RIDEL**, Commissaire-Priseur,
rue Saint-Honoré, 335,

Assisté de M. **FEBVRE**, Appréciateur, rue de Choiseul, 13,

Chez lesquels se distribue le présent Catalogue.

EXPOSITION PUBLIQUE

Le Jeudi 16 Décembre, de midi à cinq heures.

Exemplaire de Beurdeley père.

PARIS

MAULDE ET RENOU,

IMPRIMEURS DE LA COMPAGNIE DES COMMISSAIRES-PRISEURS,

rue de Rivoli prolongée, au coin de celle de l'Arbre-Sec.

1852

CONDITIONS DE LA VENTE.

Elle sera faite au comptant.
Les acquéreurs paieront cinq pour cent, en sus des adjudications.

AVERTISSEMENT

—‹‹‹·o·›››—

Parmi les Ventes que la saison d'hiver vient d'inaugurer, peu d'entre elles ont présenté un intérêt plus puissant, car celle-ci se rattache au souvenir de l'homme qui, comme Directeur des Beaux-Arts, fut appelé pendant vingt ans à diriger les plus beaux travaux artistiques, et contribua puissamment par ses connaissances éclairées à former les belles galeries historiques de Versailles.

Constamment entouré d'amateurs distingués et d'artistes dont il fut pour tous l'ami, et pour quelques-uns le protecteur, M. CAVÉ utilisa noblement ses loisirs, en formant une Collection qu'une mort si subite et si regrettable l'empêcha de continuer, mais qui offre néanmoins parmi les tableaux des œuvres remarquables, et parmi les Objets d'art, des pièces de haute curiosité, formant un ensemble qui atteste le goût qui présida à leur réunion.

DÉSIGNATION
DES TABLEAUX.

École Française.

AUBRY.

1 — La cruche cassée.

DU MÊME.

2 — Portrait de femme dans un riche costume Louis XVI.

BERTIN.

3 — Paysage. Vue d'Italie.

FRANÇOIS BOUCHER.

4 — L'Amour enchaîné par les Grâces.

DU MÊME.

5 — Pendant du précédent.
Le Temps donne des armes à l'Amour. Ces deux sujets sont gravés.

DU MÊME.

6 — Une bacchante endormie.

BOURGUIGNON.

7 — Attaque d'un pont.

DU MÊME.

8 — Choc de cavalerie.

CHARPENTIER.

9 — L'Heureux Ménage.

CHARDIN (attribué à).

10 — Jeune homme, costume Louis XVI.

CLAUDE GELÉE, dit LE LORRAIN (attribué à).

11 — Soleil couchant. Entrée de port bordant une ville sur la mer; barques conduisant des promeneurs; en rade, plusieurs navires à l'ancre.

LEBRUN.

12 — Mars reçu parmi les Dieux.

DEMARNE.

13 — Deux petits tableaux de même dimension représentant des scènes de corps de garde.

DESPORTES (Genre de).

14 — Chien de chasse en arrêt.

DORCY.

15 — Scène pastorale.

DESTOUCHE.

16 — Catherine de Médicis chez l'astrologue Cosme Ruggieri.

LÉPICIÉ.

17 — Joueur de basse.

FRAGONARD.

18 — Angélique et Médor.

FONTALARD.

19 — Intérieur de Harem.

GÉRICAULT (d'après).

20 — Le Naufrage de la Méduse.

Mlle FOIRESTIER.

21 — Jeux d'enfants. Deux pendants.

N. H. JEAURAT, DE BELLRY.

22 — La promenade au parc.

DU MÊME.

23 — Bohémiens en voyage.

N. LANCRET.

24 — La toilette. Gracieuse composition.

DU MÊME.

25 — Paysage avec figures.

LANCRET (d'après).

26 — Le gascon puni.

N. LOIR (d'après RAPHAEL).

27 — Moïse frappant le rocher.

LESUEUR (attribué à).

28 — Sujet tiré de la vie de saint Bruno.

NATTIER.

29 — Portrait de la comtesse Dubarry, en pied. Elle est représentée dans sa chambre à coucher, s'occupant des soins de sa toilette.

PALIZZI.

30 — Retour à la ferme.

N. POUSSIN.

31 — Etude d'enfants.

G. POUSSIN.

32 — Paysage avec monuments en ruines.

H. RIGAUD.

33 — Portrait de jeune femme.

DU MÊME.

34 — Mme de Maintenon.

Mme PULINI DE SEVEES.

35 — Sainte Famille, d'après Raphaël.

J. VIEN.

Tableau de réception.

36 — Mort de Sénèque.

DU MÊME (attribué).

37 — Figure académique. Le sommeil de Morphée.

DU MÊME.

38 — Jeune guerrier au repos.

VALIN.

39 — Nymphes et Amours.

JOSEPH VERNET.

40 — Port de mer.

J. VERNET (d'après).

41 — La tempête.

SIMON VOUET.

42 — La Vierge et l'Enfant-Jésus.

PAR UN ARTISTE MODERNE.

43 — Étude d'homme accroupi.

IDEM.

44 — Une bacchante. Etude.

INCONNU.

45 — Agar dans le désert.

J. VERNET (d'après).

46 — Ivresse de Bacchus.

47 — Sous ce numéro, les tableaux français omis.

Ecoles Flamande et Hollandaise.

BESCHEY.

48 — Tentation de saint Antoine.

DU MÊME.

49 — Les Pères de l'église discutant le Mystère de l'Eucharistie sous l'inspiration divine.

VAN BLOEMEN.

50 — Ane et vache près d'un tertre.

N. BERGHEM (genre de).

51 — Paysage avec figures.

DIETRICK.

52 — Le Christ insulté.

C. DUSARD.

53 — Deux petits tableaux en un seul cadre. Receveurs de rentes.

VAN DER DOES.

54 — Moutons dans un paysage.

VAN DYCK.

55 — Le portrait de la femme de ce peintre représentée dans un paysage. Esquisse terminée.

VAN DYCK (attribué à).

56 — Tête d'homme.

GÉRARD DOW (genre de).

57 — Composition capitale. Charlatan sur une place publique.

A. ELSHEIMER.

58 — Paysage traité avec une rare finesse.

GOVAERT PLINCK.

59 — Saint Jean tenant la croix rédemptrice.

BERNARD GRAET.

60 — Portrait armorié d'un homme cuirassé.

DU MÊME.

61 — Portrait de femme. Pendant du précédent.

PIERRE DE HOOGHE.

62 — Dames et cavaliers hollandais prenant leur repas dans une chambre basse.

C. RALF.

63 — Chambre basse avec accessoires de cuisine.

KUERFURTH.

64 — Le retour de la chasse.

H. KUILENBURG.

65 — Jupiter et Danaé.

DU MÊME.

66 — Jupiter et Calisto.

METZU (attribué à).

67 — Scène de buveurs.

G. MIÉRIS.

68 — Femme jouant de la guitare.

MOMERS.

69 — Animaux dans un pâturage.

C. NETSCHER.

70 — Portrait d'une dame hollandaise.

C. NETSCHER (d'après).

71 — Femme en robe de satin.

EGLON VANDER NEER.

72 — Jeune femme jouant de la guitare.

PALAMÈDES.

73 — Intérieur de corps de garde hollandais.

PAUL POTTER (style de).

74 — Paysage avec figures et animaux.

PAUL POTTER père.

75 — Animaux au pâturage.

VANDER PLATEN.

76 — David Téniers vendant ses tableaux à la porte d'un cabaret.

REMBRANDT (d'après).

77 — La leçon d'anatomie du musée d'Amsterdam.

REMBRANDT.

78 — Tête de vieillard.

VAN ROMYN.

79 — Pâtre gardant un troupeau.

RUYSDAEL (d'après).

80 — Paysage. Intérieur d'une forêt.

CORNEILLE SCHEEL.

81 — La Vierge et l'Enfant-Jésus.

DAVID TENIERS.

82 — Paysans jouant aux cartes devant la porte d'une auberge.

DU MÊME.

83 — Tentation de saint Antoine.

TERBURG.

84 — Jeune musicienne.

G. VAN DEN VELDE.

85 — Pleine mer, calme plat.

VERBOECKOVEN.

86 — Chèvre dans un paysage.

VICTORS.

87 — Jeune seigneur présentant à une dame demi-voilée son anneau de chevalier.

A. WERF VANDER.

88 — La Madeleine lisant.

VAN THULDEN.

89 — Jésus guérissant les aveugles.

ÉCOLE ALLEMANDE.

90 — Paysage figurant une tête d'homme dans un autre sens.

DE LA MÊME.

91 — Paysage figurant un cheval.

INCONNU.

92 — Coquillages et minéraux.

INCONNU.

93 — Deux marines,

INCONNU.

94 — Éducation de la Vierge.

INCONNU.

95 — Sujet allégorique.

95 bis. — Sous ce numéro, les tableaux hollandais et flamands omis.

Ecole Italienne.

GENTILE BELLINI.

96 — Jésus assis sur les genoux de sa mère, reçoit une corbeille de fleurs que lui offre sainte Catherine, placée à sa gauche; à droite est saint Jean le précurseur tenant la croix.

CANALETTI.

97 — Vue d'une place de Venise.

CORRÈGE (genre de).

98 — La Vierge tenant l'Enfant-Jésus sur ses genoux.

DOMINIQUIN (d'après).

99 — Adam et Eve chassés du Paradis.

DI GIACOMO LIGOZZI.

100 — L'Annonciation.

J. GARZONI.

101 — Femme tenant une coupe.

GUARDI.

102 — Vue d'une église et d'une place de Venise.

DU MÊME.

103 — Même genre de composition que le précédent.

F. MOLA.

104 — Repos de la Sainte-Famille.

ORIZONTI.

105 — L'Ange et le jeune Tobie.

DU MÊME.

106 — Joseph dépouillé par ses frères.

SALVATOR ROSA.

107 — Bandits italiens.

DU MÊME.

108 — Paysage boisé avec rivière. Le pendant.

SALVATOR ROSA (attribué à).

109 — Site agreste. Paysage avec figures.

A. M. DE TOBAR.

110 — Sainte-Famille. Fuite en Egypte.

VELASQUEZ DE SILVA.

111 — Tableau, connu et gravé, sous le titre le miracle des roses.

DU MÊME.

112 — Homme cuirassé.

LÉONARD DE VINCI (genre de).

113 — Tête de femme sur bois de cèdre.

114 — Les tableaux italiens omis, sous ce numéro.

DESSINS, PASTELS ET GRAVURES.

F. BOUCHER (attribué à).

115 — Deux têtes de jeunes femmes. Pastel.

BOELLY.

116 — Clair de lune, dessin.

WILLIAM BOOR.

117 — Scène d'intérieur. Sur vélin.

BOUCHARDOT.

118 — Paysan chantant. Dessin au crayon rouge.

COYPEL.

119 — Triomphe de l'Amour. Gouache.

ISABEY.

120 — Jeune femme, les bras nus, tenant un pigeon.

KLINCSTEL.

121 — La lecture de la Bible. Sur vélin.

DU MÊME.

122 — L'Heureuse mère. Pendant du précédent. Grande finesse d'exécution. Composition capitale.

TÉNIERS (genre de).

123 — Fête de village. Dessin.

J. VARENNE.

124 — Gouache. Site d'Italie.

DU MÊME.

125 — Gouache. Paysage. Site d'Italie.

WOUVERMANS (genre de).

126 — Quatre gouaches, sujets militaires.

DU MÊME.

127 — Deux autres, même genre.

128 — Un médaillon renfermant six portraits d'hommes célèbres de l'époque de Louis XIV. Miniatures sur ivoire.

128 bis — La robe de satin, d'après Terburg (gravure).

128 ter — Charles 1er et Henriette d'Angleterre, d'après Van Dyck (gravure).

128 quat. — Moïse (id.).

Objets de Curiosité.

129 — Une tabatière en or, incrustée de toutes les pierres précieuses se trouvant en Saxe, avec portrait de Louis XIV enfant. Email par Petitot.
Cette boîte a appartenu à la reine Marie-Antoinette.
130 — Une idem en écaille, avec or incrusté, ornée du portrait de Madame de Montespan. Email par Petitot.
131 — Une idem en écaille, incrustée d'or; sur le couvercle, le buste de Madame Dubarry, camée entouré de brillants. Sous cette boîte, médaillon contenant des cheveux.
132 — Une idem en sardoine, avec fleurs et relief en pierres dures.
133 — Une idem en écaille, surmontée d'un onyx gravé, de grande dimension, représentant un sujet mythologique.
134 — Une idem en osier ciselé, sur fond d'or, monture même métal.
135 — Une idem carrée, en sardoine et en relief, grande dimension, avec monture en or.
136 — Une idem à musique.
137 — Une idem écaille, incrustée d'or.
138 — Bonbonnière en cristal de roche, monture en or.
139 — Une petite boîte écaille, piquée d'or, dans l'intérieur une miniature par Klingstel.
140 — Email attribué à Petitot monté en épingle, le portrait de Madame de Sévigné.

140 bis. — Onyx gravé en relief, deux figures allégoriques.
141 — Un Chapelet en jaspe sanguin, monté en argent.
141 bis. — Bas-relief en argent. La Nativité.
142 — Un lustre en cristal de roche, style Louis XIII.
143 — Un Christ en ivoire, style Louis XIII.
143 bis. — Dix émaux de Limoges de diverses époques et différents sujets.
144 — Une statuette en marbre blanc, Vénus et l'Amour, par Coustou.
145 — Miroir de Vénise, dans son entourage en bois sculpté, style renaissance, d'un précieux travail, époque Louis XIII.
145 bis. — Châsse bizantine avec figures en relief.
146 — Buste de Toussaint Louverture, par Canova.
146 bis. — Diptique gothique, ivoire sculpté, quatre sujets de la Passion.
146 ter. — Un triptique, ivoire, Adoration de la Vierge.
147 — Statuette en ivoire sculpté. Ancienne collection de Bruges. François Flamand. Hauteur 37 cent.
147 bis. — Un coffret avec double frise et bas-relief en ivoire sculpté, XVe siècle.
148 — Une Vénus, statuette en bronze ancien.
149 — Voltaire et Rousseau, bustes en bronzes doré, sur socle en marbre blanc.
150 — Un émail de Limoges, Catherine de Médicis, sous les traits allégoriques de la sainte.
151 — Un Gladiateur, bronze florentin.
152 — Vénus sortant des eaux. Bronze florentin.
153 — Un Incendiaire. Bronze florentin.
154 — Deux groupes d'enfants, sur socle en marbre florentin.

155 — Un vieillard, bronze ancien.
156 — Buste de Madame Dubarry. Bronze de l'époque.
157 — Un autre groupe d'enfants. Bronze ancien.
158 — Une Baigneuse. Bronze ancien.
159 — Vénus sortant des eaux, bas-relief en marbre blanc, dans un cadre richement sculpté.
160 — Le Baptême de saint Jean, bas-relief en marbre blanc.
160 bis. — Une coupe en cristal de roche.
160 ter. — Deux coupes, verre rubis.
161 — L'Adoration des Mages en chêne sculpté, xve siècle.
162 — La Sainte-Trinité en chêne sculpté, xve siècle.
163 — Une terre cuite de Clodion.
164 — Un étui en jaspe, style Louis XV.
165 — Un très beau vidrecome en ivoire, monté en vermeil, sculpté à l'extérieur, représentant des Amours jouant sur les eaux.
166 — Une navette en vernis Martin, sujets d'après Teniers.
166 bis. — Quatre miniatures, portraits divers sous ce numéro.
167 — Une montre Louis XV en or avec portrait de femme sur émail.
168 — Une paire de pistolets à deux coups, avec canons tordus damasquinés en or et garnis en argent.
169 — Une longue-vue anglaise de nuit et de jour.
170 — Un jeu d'échecs en ivoire sculpté, travail chinois.
171 — Un fusil de chasse à deux coups.

PORCELAINES MONTÉES ET NON MONTÉES.

172 — Une chimère, ancien céladon.
173 — Un groupe biscuit, Enfants jouant.
174 — Une cassolette vieux Saxe, avec deux enfants représentant deux saisons.
175 — Deux brûle-parfums montés en bronze doré, avec anses à têtes de Satyres, pâte tendre, fond bleu et ornements vert.
176 — Un petit déjeûner ancien Sèvres, fond blanc avec paysage. 3 pièces.
177 — Une garniture de trois vases ancien Sèvres, fond gros bleu de roi, avec ancienne monture dorée.
178 — Un joli cabaret ancien Saxe royal, composé de six pièces, décoré de paysages.
179 — Une garniture en vieux Japon, composée de trois potiches et deux cornets, grande dimension.
180 — Une grande potiche vieux céladon.
181 — Deux potiches vieux Japon.
182 — Garniture de quatre potiches porcelaine de Chine.
183 — Une soupière porcelaine de Chine.
184 — Deux soupières en Saxe, avec médaillons à figures, montées en bronze doré.
185 — Quatre compotiers décorés en Sèvres, pâte tendre.
186 — Quatre id., forme octogone.
187 — Un sucrier idem, fond rose.
188 — Un pot au lait avec guirlandes de fleurs, fond jaune, pâte tendre.
189 — Un id., fond jaune.
190 — Deux petites tasses, même porcelaine.

191 — Deux seaux en pâte tendre, décors moderne.
191 bis. — Une tasse ancien Saxe.
192 — Deux tasses ancien Sèvres, fond bleu de roi, avec médaillons à sujets.
193 — Une écuelle ancien Sèvres, décors à oiseaux.
194 — Un pot et sa cuvette ancien Sèvres, à bouquets.
195 — Quatre flambeaux et une boîte à thé, Chine.
196 — Deux compotiers, Chine.
197 — Une petite pendule vieux Saxe, représentant un Amour.
198 — Deux vases en porcelaines montés en bronze doré, style Louis XVI.
199 — Deux grands vases, forme Médicis, fond bleu, à tête de bélier.
200 — Une coupe ancien Japon, avec serpents.
201 — Deux corbeilles en Saxe, à jour.

MEUBLES, PENDULES ET BRONZE DORÉ.

202 — Un secrétaire Louis XVI, avec applique, frises et galeries en bronze doré.
203 — Une pendule en marqueterie de Boule.
204 — Une pendule provenant du cabinet de l'empereur Napoléon à la Malmaison (bronze et marbre).
205 — Une grande pendule ancienne avec figure de femme, en bronze, sur socle en griotte d'Italie.
206 — Une pendule ancienne (Louis XV), colonne architecturale.
207 — Une pendule ancienne en marbre blanc, Femme assise, avec bronze doré mat (Louis XVI).
208 — Une pendule rocaille.

209 — Un cartel, XVIe siècle.
210 — Une pendule rocaille de Julien Leroy.
211 — Une pendule Louis XVI, Femme et Amour.
212 — Deux candelabres (Louis XVI).
213 — Deux flambeaux (même style), marbre blanc doré mat.
214 — Deux bras en bronzes anciens dorés mat, à deux lumières, style Louis XVI.
215 — Deux beaux vases. Bronze doré.
216 — Deux grands vases en bronze doré, à feuilles d'acanthe, style Louis XVI.
217 — Deux bras en bronze doré, style Louis XVI, à deux lumières.
218 — Deux feux anciens, Enfants avec conques.
219 — Deux petits candelabres anciens, figurines, vert antique, supportant des lis à trois lumières.
220 — Une paire de flambeaux, Louis XVI.

FAIENCES DE ROUEN ET DE NEVERS.

221 — Quatre soupières.
222 — Cinq cruches.
223 — Deux pots.
224 — Deux cornets.
225 — Une grande bouteille.
226 — Sept plats.
227 — Jardinière.
228 — Quatre plats et cinq plateaux.
229 — Cinq plateaux de formes diverses.
230 — Divers objets et cadres sous ce numéro.

www.ingramcontent.com/pod-product-compliance
Lightning Source LLC
Chambersburg PA
CBHW030110230526
45471CB00003B/1351